Elisabeth

CIRCÉ|POCHE 30

Anthologie de la poésie russe pour enfants

Anthologie de la poésie russe pour enfants

Choix, traduction et présentation
d'Henri Abril

Traduit avec le concours du C.N.L

Circé | *poche*

Si vous souhaitez être tenu au courant de nos publications, écrivez-nous en nous précisant le titre de l'ouvrage dans lequel est insérée cette annonce, votre adresse postale et électronique :
éditions Circé • 18 Grand Rue • 88210 Belval
ou envoyez-nous un mail : infos@editions-circe.fr
Vous pouvez aussi consulter notre site Internet :

www.editions-circe.fr

Illustration de couverture :
Ivan Koudriachev : Automobile (1918)

ISBN : 2-84242-090-X • ISSN : 1281-6388
Dépôt légal : III-2000 | 3e édition ,VI-2006

Un siècle de poésie russe pour les enfants

Il y a sans doute peu de pays au monde où la poésie spécialement écrite pour les enfants soit aussi populaire qu'en Russie. Au point qu'elle s'est constituée en genre tout à fait à part, avec ses auteurs, ses critiques, ses éditeurs, ses « récitants ». Mais il n'en fut pas toujours ainsi, le phénomène peut être exactement daté : les années vingt de notre siècle.

Auparavant, comme sous d'autres latitudes, il y eut la tradition folklorique – berceuses, comptines, chansonnettes, légendes et récits épiques rythmés, devinettes, qui, le plus souvent, s'adressaient indifféremment aux adultes et aux enfants. Le premier abécédaire rimé, établi par Vassili Bourtsev, date de 1634. Mais la prose va durablement l'emporter jusqu'à la fin du XVIIIe siècle (on voit même l'impératrice Catherine II écrire des récits et des contes : « Il était une fois en Russie un tsar, un brave homme qui aimait la vérité… »), la poésie est presque absente du premier périodique destiné aux jeunes *Lectures enfantines pour le cœur et la raison* (1785-1789).

Un premier tournant s'opère à partir des années trente et quarante du XIXe siècle, lorsque les enfants s'emparent de poésies qui n'avaient pas été délibérément conçues pour eux, notamment les fables d'Ivan Krylov et les contes d'Alexandre Pouchkine[1], le père de la littérature russe moderne, ainsi que certains poèmes de Vassili Joukovski et *Le Petit cheval bossu*, un long conte en vers écrit par un étudiant de dix-neuf ans, Piotr Erchov. Dans ces œuvres le folklore n'était pas loin, avec ses sujets, ses personnages, ses intonations, mais il s'agissait pour la première fois d'une poésie authentique, spontanée, sans archaïsmes ni sensiblerie, qui n'a pas pris une seule ride et dont les enfants russes n'ont aucun mal à retenir par cœur des pans entiers. « Moment unique et magique », dira Anna Akhmatova, « grâce auquel un pont fut jeté entre la poésie et les enfants ». Peut-être faut-il y voir une des raisons de l'extraordinaire engouement que la poésie en général n'a depuis cessé de connaître chez les Russes.

Il n'empêche que ces exemples ne furent pas suivis, les grands arbres de la prose russe, depuis Nicolas Gogol jusqu'à Léon Tolstoï, ne pouvaient que faire de l'ombre à la poésie dans son ensemble. Mis à part quelques œuvres de Nékrassov, Maïkov ou Feth, les poésies adressées aux jeunes sont désormais empreintes d'un moralisme pesant, grandes ouvertes à tous les clichés de la prosodie et des sentiments. La véritable floraison de journaux et revues pour enfants, dans les deux dernières décennies du dix-neuvième, sera placée sous le signe tyrannique de la prose réaliste et « pédagogique » que seul le génie d'un Léon Tolstoï réussit parfois à transcender. Mais n'était-ce pas lui qui, par ses fables repuisées à la source ésopéenne, disait vouloir en finir avec la « frivolité amorale » du mètre et de la rime ? Il faut

1. Les Contes de Pouchkine, remarquablement illustrés, ont été publiés aux éditions du Sorbier (Paris 1985, traduction de H. Abril).

attendre le retour en force des poètes, l'âge d'argent de la poésie russe au début de notre siècle, pour que celle-ci retrouve peu à peu le chemin des écoliers. Les tentatives des symbolistes – Brioussov, Blok, Balmont – restent cependant timides, épisodiques, et ce sont encore celles d'enfants « adultérés » qui contemplent avec nostalgie le monde innocent dont ils viennent de se détacher (« Pourquoi, ô Monde, n'es-tu pas tout entier un enfant ? » gémit Balmont) ; d'où la profusion des berceuses, noëls, « rameaux » et autres « pâques »...

*

Le premier à savoir garder intacte la fraîcheur désinvolte, la spontanéité inventive des enfants, c'est Sacha Tchiorny, qui annonçait dès l'avant-guerre la « révolution » des années vingt. Né à Odessa en 1880, Sacha Tchiorny (de son vrai nom : Alexandre Glikberg) avait connu une exceptionnelle célébrité pour ses poèmes satiriques dont les rythmes et les inflexions ne manqueront pas d'influencer les futuristes, en particulier Vladimir Maïakovski. En 1920 il quitte la Russie, puis meurt au Lavandou le 5 août 1932. Cette émigration explique peut-être que son rôle de premier plan dans la genèse de la nouvelle poésie russe « enfantine » n'ait pas été ouvertement reconnu par les pères fondateurs de cette dernière, Tchoukovski et Marchak. Mais il nous a paru légitime d'ouvrir l'anthologie par l'auteur de l'*Ile des enfants*, titre caractéristique du livre où Sacha Tchiorny réunira les poésies de ce genre en 1921.

Tchiorny ne serait toutefois resté qu'un oiseau rare si deux hommes, Korneï Tchoukovski (1882-1969 ; pseudonyme de Nikolaï Korneïtchoukov) et Samuel Marchak (1887-1964), n'avaient pas entrepris, au lendemain de la révolution bolchevique de 1917, de rompre brutalement avec la tradition pour créer un domaine foncièrement neuf, bien tranché : la poésie pour les enfants. Comme Marchak le proclamait d'emblée, il s'agissait de « briser le système d'éducation bourgeois », d'en finir une fois pour toutes avec les « vérités éculées, les idéaux philistins, la morale bien-pensante » inculqués aux petits Russes. D'autres allaient plus loin en se demandant si « l'enfant de prolétaire a besoin de contes de fées » et en remplaçant, dans les maternelles, par des bancs les tabourets jugés trop « enclins à favoriser l'essor de l'individualisme », en confisquant les poupées qui « hypertrophiaient l'instinct maternel ». Mais pour mieux agir sur la conscience enfantine il faut « renoncer à lui imposer les idées, les soucis et les aspirations des adultes, se rendre enfin compte que l'enfant est un étranger qui ne comprend rien à leur langage » (Tchoukovski). C'est pour cette raison que, paradoxalement, l'inspiration première sera cherchée du côté des comptines de la « bourgeoise Albion », des *nursery rhymes* et des *limericks* (qui sont d'ailleurs abondamment traduits en russe par Marchak), et que, bientôt, nos deux compères se verront eux-mêmes reprocher par la critique radicale de « couper les enfants des tâches vitales et grandioses » de l'époque, de vouloir les « confiner dans l'univers des rythmes et des rimes gratuits », de « substituer les jeux de mots et l'esthétisme à la pédagogie sociale ». Les coups pleuvent particulièrement sur les revues *Ioj* (Le Hérisson) et *Tchij* (Le Serin) et la section enfantine des Éditions d'État que Marchak dirige à partir de 1924.

La situation allait devenir surtout tragique lorsque la critique fit place à la répression vers la fin des années trente, au plus fort de la terreur stalinienne. Si Marchak et Tchoukovski sont épargnés (le second avait pourtant écrit dès 1923 *Le Cafard*, un conte en vers où les adultes ne tarderont pas à « reconnaître » le tyran du pays: *« Il rugit et il se fâche / En remuant ses grosses moustaches: / Attendez que je vous attrape / Que tous d'un coup je vous avale! »*), nombre des poètes et écrivains de talent qu'ils avaient réunis autour d'eux vont disparaître en prison ou dans les camps: Vvédenski, Kharms, Oleïnikov et d'autres. Ces trois poètes faisaient partie du groupe littéraire OBERIOU (Association de l'art réel), créé à Léningrad en 1927, qui par l'absurde et l'humour cherchait à pénétrer l'essence du monde au-delà de ses apparences logiques et pseudoréalistes, figées. Comme d'autres poètes soviétiques qui, ne pouvant publier, se réfugiaient dans la traduction ou dans la littérature enfantine, les « oberiou » choisirent tout naturellement cette dernière. En effet, si de grands poètes tels Mandelstam, Essénine ou Pasternak, voire Maïakovski, ont écrit quelques poésies pour les enfants, celles-ci demeuraient le plus souvent « étrangères » à leur œuvre principale, adventices (ce qui ne signifie pas pour autant qu'il faille les écarter d'un revers de la main, comme l'ont fait par exemple les éditeurs des Poésies complètes de Mandelstam en 1995), les « oberiou », par contre, se retrouvaient là dans leur élément, tant « l'univers enfantin est au cœur même des choses par sa naïveté primordiale, où l'humour involontaire rejoint le jeu décapant des formes » (Oleïnikov). C'était particulièrement vrai de Daniil Kharms (1905-1942, né Youvatchov), dont les poésies pour enfants sont organiquement liées à celles destinées aux « grandes personnes ». Longtemps après la mort du poète en détention à Léningrad, la plupart de ses poésies « enfantines » furent les seules à être republiées en URSS, à partir de 1962, le premier recueil de ses œuvres pour adultes n'y ayant vu le jour qu'en 1988.

Alors que les « oberiou » sont envoyés au Goulag, que Tchoukovski et Marchak doivent abandonner les enfants pour se cantonner presque uniquement dans la traduction ou la critique littéraire, le genre créé par eux commence à se rétrécir et dépérir dès la seconde moitié des années trente pour n'être plus qu'un outil de propagande destiné à « former les nouvelles générations dans un esprit conforme à l'édification socialiste », comme y appelait une résolution de 1939. Les « dix commandements » communistes et les exploits des pionniers, cette organisation à laquelle devaient appartenir tous les écoliers, sont désormais à l'honneur. Une tendance naturellement accentuée pendant la guerre contre l'envahisseur nazi, lorsque Marchak lui-même rédigea pour les enfants des mirlitons patriotiques. Comme le note M. Gasparov, « le temps faisait pression sur l'éternité, l'époque pénétrait dans les poèmes pour faire entrave au contenu et au style même ». Au lendemain de la guerre il n'est pas question pour les gardiens de l'idéologie de desserrer la bride, c'est d'août 1946 que date la fameuse résolution du parti communiste prenant pour cible Akhmatova et Zochtchenko.

A cette époque, deux nouvelles figures ont fait leur apparition dans la poésie « enfantine », Sergueï Mikhalkov et Agnia Barto, qui malgré leur talent indéniable (ou grâce à lui) vont contribuer à éduquer les enfants dans le sens voulu par le régime : civisme et patriotisme soviétique, respect de la cellule familiale et de la milice (police), fidélité au serment des pionniers, amour de Lénine et des animaux, nos « frères cadets », clichés hypocrites sur la protection de la nature, l'humanisme et le désarmement. Ce n'est pas un hasard si Mikhalkov était l'auteur des paroles staliniennes de l'hymne soviétique et allait jusqu'à dénoncer le « cosmopolitisme » et le « révisionnisme titiste » dans ses vers pour les enfants, cependant que Barto clouait au pilori les espions américains, la bande dessinée, les livres et les films « malodorants » venus d'Occident pour corrompre la jeunesse soviétique. Pas un hasard non plus si ces deux auteurs longtemps implantés de force à l'école et à coups de tirages millionnaires voient leur audience décroître depuis la fin des années quatre-vingt. Dans une enquête réalisée en 1996 auprès de trois mille parents et élèves de Russie, ils ne figurent plus parmi les sept poètes du vingtième siècle préférés des petits Russes actuels. Ces sept-là sont présents dans mon choix. A Mikhalkov et Barto j'ai moi-même préféré trois autres poètes : ce sera la part de subjectivité à laquelle tout auteur d'anthologie a droit.

D'autre part, il m'a fallu renoncer à tel ou tel poème dont le passage du russe au français ne semblait guère satisfaisant. Constatation triviale s'il en est. Mais parler de traduction poétique, c'est aller sans cesse de paradoxe en banalité. « Ce n'est qu'en forçant la forme qu'il devient possible de transcender le sens littéral » : cette formule d'un théoricien russe, parmi des dizaines d'autres, a le mérite de survoler un champ où, en poésie comme en amour, toutes les interprétations sont possibles et légitimes. Ni fidélité, ni trahison. Le traducteur, lui, est cependant tenu d'apporter des réponses concrètes, parfois contradictoires d'un poème à l'autre. Si la marge de manœuvre est moins grande dans la poésie enfantine – où l'intensité ludique ne laisse guère d'autre choix au traducteur que d'entrer à son tour dans la danse, dans le jeu obsédant du son et du sens, du rythme, du mètre, de la rime –, on ne peut pour cette raison même éluder quelquefois l'adaptation, la transposition plus ou moins libre : c'est le cas de six ou sept poésies du présent recueil, fidèles en cela à la démarche traduisante des auteurs eux-mêmes, de Marchak et Tchoukovski à Sapguir et Zakhoder. Samuel Marchak ne suggérait-il pas à son traducteur anglais (lettre du 13 janvier 1956) de « suivre l'esprit plutôt que la lettre, surtout quand il s'agit de jeux de sonorités intraduisibles qui, presque toujours, réclament un équivalent... N'hésitez pas à remplacer les mots et noms russes par des mots et noms anglais dans certains de mes poèmes, notamment dans *L'hurluberlu* qui, en fin de compte, est une catégorie universelle » (je n'ai pu m'empêcher de suivre à mon tour le conseil de l'auteur).

*

Comme dans la vie des Soviétiques, dans l'art et la littérature russes, c'est avec le « dégel » khrouchtchévien que s'amorce, à partir de 1956, le renouveau d'un genre qui paraissait condamné. Notons tout d'abord une constante, un signe de bonne santé qui ne trompe pas : si de grands poètes, comme on l'a vu, se sont épisodiquement exercés, amusés à écrire pour les enfants, ce genre s'est surtout illustré sous la plume d'auteurs qui en avaient fait leur activité essentielle et dont la poésie pour les « grands », quand elle existe, se démarque à peine de l'autre. C'est aussi le cas de Boris Zakhoder, né en 1918, qui vient de publier à près de 80 ans son premier livre « adulte », les *Zakhodérisions*, recueil plein d'ironie caustique et désenchantée où il n'hésite d'ailleurs pas à reprendre certains de ses poèmes pour enfants. Valentin Bérestov (1928-1998), archéologue réputé qui participa notamment aux fouilles de Khorezm en Asie Centrale, écrivait indifféremment pour les plus petits et les adolescents, avec une pointe de lyrisme souvent biographique et un penchant très net pour l'humour « philosophique » :

Ne crains pas les contes de fées.
Crains plutôt le mensonge.
Un conte ne peut pas tromper :
En plein dans le vrai il nous plonge.

Guenrikh Sapguir, né en 1928 dans l'Altaï et mort dans un trolleybus à Moscou en été 1999, a d'abord publié une quarantaine de livres pour enfants, écrit des pièces pour les petits et des scénarios de dessins animés, avant de pouvoir éditer en 1978 – mais à l'Ouest – son premier recueil de poésies pour adultes, *Sonnets écrits sur des chemises*. Dans ses deux facettes il renoue en partie avec le jeu verbal des « oberiou ». Roman Sef, né en 1930, a exercé une foule de métiers – chauffeur, plombier, plâtrier, etc. Son premier livre, paru en 1963, fut aussitôt remarqué par Tchoukovski : « Tout y est laconique et harmonieux. Le tissu même des vers y est imprégné de bonté. » Lui-même dit « être né poète d'enfants ». « J'avais cinq ans, je faisais de la trottinette dans la cour et soudain je me suis mis à hurler : Le bouleau craint l'eau ! Ma grand-mère m'a sévèrement demandé : pourquoi est-ce qu'il craindrait l'eau ? A cette question je n'ai jamais su répondre… » (Notons que son « Silence » fut écrit bien avant l'ère du portable). Younna Morits, née à Kiev en 1937, est la seule à s'être d'abord fait connaître pour ses poésies « adultes », qui dénotent l'influence de Marina Tsvetaïéva. Elle a peu écrit pour les enfants, mais certains de ces poèmes sont si prisés qu'ils ont été mis en musique.

Oleg Grigoriev pourrait résumer à lui seul toute la poésie russe « enfantine » au XXe siècle. Né en 1943, il lui est impossible de publier ses vers pour adultes et, dans les années soixante, il doit se convertir à la poésie pour enfants. Il le fait toutefois sans mal aucun, « sans marcher sur ma propre gorge », car, comme pour la plupart de ses prédécesseurs, « il n'y a pas de frontière infranchissable entre les deux types de lecteurs ». Et puis, Grigoriev refusait de grandir. « Il était de petite taille, d'allure toujours juvénile, et il se plut à dire pendant très longtemps qu'il avait dix-sept ans. J'ai fait sa connaissance quand il avait passé la quarantaine, mangé de barbe, imbibé d'alcool, malade ; mais, dessoûlé, il redevenait l'enfant étonné et joyeux de découvrir le monde familier », raconte son ami Mikhaïl Yasnov. L'unique recueil de toutes les poésies de Grigoriev, où se mêlent intimement ses œuvres pour les petites et grandes personnes, a paru de façon posthume en 1997. Son livre *La Vitamine de croissance* (1980) lui avait attiré les foudres des cerbères littéraires : « Nous allons régler leurs comptes à ceux qui écrivent pour nos enfants sur commande des services d'espionnage étrangers ! » Dans les dernières convulsions du régime soviétique il avait su entrevoir les grimaces de la nouvelle Russie ; et c'est sans surprise que j'ai entendu des gamins scander des vers de Grigoriev, dans une cour moscovite coincée entre une bibliothèque qui menace ruine et l'édifice flambant neuf d'une banque privée. Sa vision paradoxale, naïve et tragique de l'existence l'accompagna jusqu'au bout : *« La mort est belle et si légère, à la façon / D'une chrysalide lâchant son papillon. »* Oleg Grigoriev s'est envolé le 30 avril 1992.

H. A.

Ne lire que des livres d'enfants...
Ossip Mandelstam

САША ЧЕРНЫЙ

В РАЮ

По лиловым дорожкам гуляют газели
И апостол Фома с бородой по грудь...
Ангелята к апостолу вдруг подлетели:
«Что ты, дедушка, бродишь?
Расскажи что-нибудь!
Как шалил и играл ты, когда был ребенком?
Расскажи... Мы тебе испечем пирожок...»
Улыбнулся апостол.
«Что ж, сядем в сторонке,
Под тенистой смоковницей в тесный кружок.

Был я мальчик румяный,
Веселый, как чижик...
По канавам пускал корабли из коры.
Со стены ребятишки кричали мне:
“Рыжик!„
Я был рыжий — и бил их, и гнал их с горы.
Прибегал я домой весь в грязи, босоножкой,
Мать смеялась и терла мочалкой меня.
Я пищал, а потом,
Угостившись лепешкой,
Засыпал до румяного, нового дня».

— «А потом?»
— «А потом я учился там в школе, —
Все качались и пели, — мне было смешно,
И учитель, сердясь, прогонял меня в поле.
Он мне слово, я — два, — и скорей за окно...
В поле я у ручья забирался под мостик,

SACHA TCHIORNY

AU PARADIS

Dans les allées couleur lilas
Des gazelles se promènent,
Et aussi l'apôtre Thomas à la barbe si longue…
Des angelots ont volé vers lui :
« Raconte-nous quelque chose, grand-père !
As-tu été enfant un jour ? A quoi jouais-tu ?
Raconte, nous te ferons un beau gâteau ! »
L'apôtre Thomas a souri :
« Eh bien, allons nous asseoir
A l'ombre de ce figuier…

J'étais un petit garçon aux joues roses,
Gai comme un canari,
Je lançais des bateaux d'écorce sur les ruisseaux,
Mais les autres gamins me criaient : Poil de carotte !
Parce que j'étais roux, vous savez,
Et je les faisais taire à coups de poings.
Un jour, pieds nus, tout crotté, je suis rentré chez moi,
Ma mère a ri en me frottant avec une brosse à poils durs.
Je piaillais ! Puis elle m'a régalé d'une galette dorée
Et je me suis endormi jusqu'au matin
Qui avait les joues roses, comme moi. »

« Et ensuite ? »
« Ensuite ? Ensuite, je suis allé à l'école.
Quand les autres enfants chantaient, ça me faisait rire,
Et le maître en colère m'a mis dehors…
J'ai sauté par la fenêtre
Et suis allé au bord de la rivière.

Рыбок горстью ловил, сразу штук по семи».
Ангелята спросили:
« За хвостик ? » — « За хвостик ! »
Ангелята вздохнули :
« Хорошо быть детьми... »

J'attrapais des poissons à main nue,
Par la queue, une bonne douzaine. »
« Par la queue ? » – « Oui, par la queue ! »
Les angelots ont soupiré :
« C'est si bon d'être un enfant… »

ПРИСТАВАЛКА

— Отчего у мамочки
На щеках две ямочки?
— Отчего у кошки
Вместо ручек ножки?
— Отчего шоколадки
Не растут на кроватке?
— Отчего у няни
Волоса в сметане?
— Отчего у птичек
Нет рукавичек?
— Отчего лягушки
Спят без подушки?..

— Оттого, что у моего сыночка
Рот без замочка.

POT DE COLLE

— Pourquoi maman a-t-elle toujours
Deux fossettes sur ses joues ?
— Pourquoi les chattes
Courent-elles à quatre pattes ?
— Pourquoi les oiseaux
Ne portent-ils pas de sabots ?
— Pourquoi ma grande sœur, dis,
S'assied-elle pour faire pipi ?
— Pourquoi les grenouilles
Ont-elles le ventre qui gargouille ?
— Pourquoi les bonbons
Ne poussent-ils pas sur les buissons ?

— Parce que ta bouche, mon chou,
N'est pas fermée par un verrou !

ЗЕЛЕНЫЕ СТИХИ

Зеленеют все опушки,
зеленеет пруд.
А зеленые лягушки
песенку поют.

Елка — сноп зеленых свечек,
мох — зеленый пол.
И зелененький кузнечик
песенку завел...

Над зеленой крышей дома
спит зеленый дуб.
Два зелененькие гнома
сели между труб.

И, сорвав зеленый листик,
шепчет младший гном :
« Видишь ? Рыжий гимназистик
ходит под окном.

Отчего он не зеленый ?
Май теперь ведь... Май ! »
Старший гном зевает сонно :
« Цыц! Не приставай ».

DES VERS TOUT VERTS

Vertes sont les clairières,
verts les étangs.
Et vertes les grenouilles
vert-croassant.

Les sapins, bougies vertes,
verte la mousse.
Et verte la sauterelle,
verte sa course.

Sous le feuillage vert
un toit verdit.
Deux gnomes tout verdâtres
y sont assis.

Arrachant une feuille,
l'un d'eux murmure :
« Regarde, un enfant roux
longe le mur.

Pourquoi n'est-il pas vert ?
C'est pourtant mai ! »
L'autre, vert de colère :
« Ne mens jamais ! »

ГИЕНА

Гиена такая мерзкая.
Морда у неё дерзкая,
Шерсть на загривке торчком,
Спина — сучком,
По бокам (для чего — непонятно)
Ржавые пятна,
Живот — грязный и лысый,
Ткнется в решетку — хвост у ноги,
Глаза — как у Бабы-Яги.

А мне её жалко...
Разве ей не обидно?
Даже моль,
Даже галка
Симпатична и миловидна.
Мне объяснила
Невеста дядиволодина,
Тетя Аглая:
« Почему она злая ?
Потому что уродина... »

LA HYÈNE

Une hyène, c'est affreux,
une hyène ça dégoûte.
Le dos taché de rouille,
les flancs pelés, miteux,
des yeux aussi atroces
que ceux
de la fée Carabosse
derrière les barreaux
de la cage du zoo…

Et pourtant, elle fait pitié.
Quel autre animal
aurait-il plus de mal
à se faire aimer ?
Pas même les serpents,
ni même les poux, le chat-huant !
Tante Aglaé
n'a pas su m'expliquer
pourquoi la hyène
me fait tellement de peine…

НА БАЗАРЕ

— К нам, к нам!
Вот свежий мадеполам,
соска для медвежонка,
бритва для вашего ребенка,
самые модные сосиски
и кукольные зубочистки...
Барыня-сударыня!
Мишка, заверни покупку...
Поправь ей юбку,
подвинь плевательницу,—
она выгодная покупательница.

Халву руками не трогать!
Покажите ваш ноготь...
Срам!
К нам, к нам!
— Здравствуйте, мальчик...
Это китайский пенальчик
для собирания мух,
это копилка-петух, —
не бьется, не рвется!
Глупый! Смеется...

AU BAZAR

— Approchez, approchez !
Voici un petit chat perché,
une tétine pour apprendre à mordre,
des saucisses à la mode,
un rasoir pour votre bébé !
Mesdames-mesdemoiselles,
voici une paire d'ailes
pour trois kopecks,
et un quignon de pain sec !
Micha, une bise pour la suivante,
c'est une bonne cliente.

Bas les pattes du nougat,
fallait vous laver les doigts !
Approchez, approchez !
Des cure-dents de poupée,
un porte-bouche
pour mieux gober les mouches,
une tirelire
pour apprendre à lire,
et un grand tiroir
pour tous les bobards…

КОРНЕЙ ЧУКОВСКИЙ

ТЕЛЕФОН

1

У меня зазвонил телефон.
— Кто говорит?
— Слон.
— Откуда?
— От верблюда.
— Что вам надо ?
— Шоколада.
— Для кого ?
— Для сына моего.
— А много ли прислать ?
— Да пудов этак пять
Или шесть:
Больше ему не съесть,
Он у меня еще маленький.

2

А потом позвонил
Крокодил
И со слезами просил :
— Мой милый, хороший,
Пришли мне калоши,
И мне, и жене, и Тотоше.
— Постой, не тебе ли
На прошлой неделе
Я выслал две пары
Отличных калош ?
— Ах, те, что ты выслал
На прошлой неделе,
Мы давно уже съели

KORNEÏ TCHOUKOVSKI

LE TÉLÉPHONE

1

Mon téléphone sonne tout le temps.
— Allô !
— Ici, l'éléphant.
— Où êtes-vous ?
— Chez le marabout.
— Il vous faut quoi ?
— Du chocolat.
— Combien ?
— Oh ! trois fois rien :
Cinq sacs ou six,
C'est pour mon fils
L'éléphanteau
Qui ne mange pas trop.

2

Ensuite, c'est le crocodile,
Qui a la larme facile :
— Mon ami, je t'en supplie,
Avant tout, par-dessus tout,
Envoie-nous des caoutchoucs.
— C'est pas à vous
Que la semaine dernière
J'ai envoyé six paires
De caoutchoucs excellents ?
— Si. Ils étaient succulents
Et très tendres,
Un vrai délice !
Ma femme et mon fils

И ждём не дождёмся,
Когда же ты снова пришлешь
К нашему ужину
Дюжину
Новых и сладких калош!

3

А потом позвонили зайчатки :
— Нельзя ли прислать перчатки ?
А потом позвонили мартышки :
— Пришлите, пожалуйста, книжки !

4

А потом позвонил медведь
Да как начал, как начал реветь.
— Погодите, медведь, не ревите,
Объясните, чего вы хотите ?
Но он только « му » да « му »,
А к чему, почему —
Не пойму !

— Повесьте, пожалуйста, трубку!

5

А потом позвонили цапли :
— Пришлите, пожалуйста, капли :
Мы лягушками нынче объелись,
И у нас животы разболелись !

En redemandent :
Il nous en faudrait deux douzaines
Pour cette semaine.

3

Ce sont les lièvres à présent :
— Est-ce que vous avez des gants ?
Et après eux, les ouistitis :
— Envoyez des livres, on s'ennuie !

4

L'ours m'appelle à son tour,
Mais il grogne toujours,
Ce balourd.
— Que voulez-vous, mon vieux ?
Expliquez-vous mieux.
Mais lui : Grr, encore Gr-rr.
— Cessez de grogner, à la fin !
Je n'y comprends rien,
C'est malin.
Moi je raccroche, tiens !

5

Ensuite, ce sont les hérons
Au cou si long.
— Allô ! j'écoute.
— Envoyez-nous des gouttes.
Nous avons mangé trop de grenouilles,
Dans notre ventre ça gargouille.
Ouille !

6

А потом позвонила свинья:
— Пришлите ко мне соловья.
Мы сегодня вдвоём
С соловьём
Чудесную песню споём.

— Нет, нет! Соловей
Не поёт для свиней!
Позови-ка ты лучше ворону!

7

И снова медведь:
— О, спасите моржа!
Вчера проглотил он морского ежа!

8

И такая дребедень
Целый день:
Динь-ди-лень,
Динь-ди-лень,
Динь-ди-лень!
То тюлень позвонит, то олень.

А недавно две газели
Позвонили и запели:
— Неужели
В самом деле
Все сгорели
Карусели?

— Ах, в уме ли вы, газели?
Не сгорели карусели,
И качели уцелели!

6

Après les hérons,
Le cochon.
— Envoyez-moi un rossignol
Pour chanter en duo,
Ce sera très beau.
— Tu es fou, ma parole !
Allons,
Le rossignol
Ne chante pas pour les cochons,
Appelle plutôt
Le corbeau !

7

Encore un ours, mais pas le brun :
— Vite, le phoque suffoque !
Il a avalé un oursin !

8

Ding-ding-ding !
Ding-ding-ding !
Toute la journée
Ça n'arrête pas de sonner.
Le phoque, le cerf...
Ah, quel concert !

Voici que m'appellent
Ces demoiselles
Les gazelles :
— Dites voir,
Est-ce vrai
Que les balançoires
Ont brûlé hier soir
A la foire ?

Вы б, газели, не галдели,
А на будущей неделе
Прискакали бы и сели
На качели-карусели!
Но не слушали газели
И по-прежнему галдели:
— Неужели
В самом деле
Все качели
Погорели?

Что за глупые газели!

9

А вчера поутру
Кенгуру:
— Не это ли квартира
Мойдодыра? —
Я рассердился да как заору:
— Нет! Это чужая квартира!!!
— А где Мойдодыр?
— Не могу вам сказать...
Позвоните по номеру сто двадцать пять.

— Des histoires !
Faut pas croire
Les racontars.
Courez vite,
Mes petites,
Vous rasseoir
Aux balançoires !

Mais les gazelles
De plus belle :
— Dites voir,
Est-ce vrai
Que les balançoires
Ont brûlé hier soir
A la foire ?
Quelles crécelles,
Ces gazelles !

9

Hier matin, tout à coup,
Le kangourou :
— Je suis chez Frotte-Bien ?
Furieux, j'ai hurlé cette fois :
— Pas du tout, c'est chez moi !
— Mais où est Frotte-Bien ?
— Je n'en sais rien,
Faites le zéro-zéro-un !

10

Я три ночи не спал,
Я устал.
Мне бы заснуть,
Отдохнуть...
Но только я лёг —
Звонок!
— Кто говорит?
— Носорог.
— Что такое?
— Беда! Беда!
Бегите скорее сюда!
— В чем дело?
— Спасите!
— Кого?
— Бегемота!
Наш бегемот провалился в болото...
— Провалился в болото?
— Да!
И ни туда, ни сюда!
О, если вы не придёте,—
Он утонет, утонет в болоте,
Умрёт, пропадёт
Бегемот!
— Ладно! Бегу! Бегу!
Если смогу, помогу!

11

Ох, нелегкая это работа —
Из болота тащить бегемота!

10

Je n'en peux plus, mes amis !
Je n'ai pas dormi
Depuis trois nuits.
Mais le téléphone
Sonne et résonne.
C'est atroce !
— Allô !
— Ici, le rhinocéros.
— Qu'y a-t-il ?
— Un vrai drame !
— Quoi ?
— L'hippopotame…
— Qu'est-ce qu'il a ?
— Il s'enlise, il disparaît !
— Où ça ?
— Dans un marais.
Venez vite au secours !

— Bon, bon, j'accours,
Gardez votre calme !

11

Mon Dieu, que c'est lourd,
Un hippopotame !

ДВЕ ЗАГАДКИ

1

Мудрец в нем видел мудреца,
Глупец — глупца,
Баран — барана,
Овцу в нем видела овца
И обезьяну — обезьяна.

2

Шел Кондрат
В Ленинград.
А навстречу — двенадцать ребят.
И у каждого по три лукошка,
В каждом лукошке — кошка,
У каждой кошки — двенадцать котят,
У каждого котенка
В зубах по четыре мышонка.
И задумался старый Кондрат:
« Сколько мышей и котят
Ребята несут в Ленинград ? »

(*См. ответы на следующей странице*)

DEUX DEVINETTES

1

Drôles d'images
Dans ce tableau :
Le sage y voit le sage,
Le sot y voit le sot.
Moi, je n'y vois
Toujours que moi !

2

Mon copain Aliocha
Allait à Kostroma.
En route il rencontra
Douze gamins
Qui portaient trois paniers chacun :
Dans chaque panier une chatte,
Et chacune a entre ses pattes
Douze chatons, quatre souris.
Alors mon copain Aliocha
Se mit à compter, tout surpris :
« Combien de souris et de chats
S'en vont ainsi à Kostroma ? »

(Réponses sur la page suivante)

ОТВЕТЫ

1

Вот к *зеркалу* подвели Федю Баратова,
И Федя неряху увидел лохматого.

2

Глупый, глупый Кондрат!
Он один и шагал в Ленинград.
А ребята с лукошками,
С мышами и кошками
Шли навстречу ему, — в Кострому.

RÉPONSES

1

Toi aussi tu peux te voir
Dans le *miroir*.

2

Aucun. Car Aliocha
Ne savait pas du tout
Que les gamins avec leurs chats
S'en allaient à Moscou
Mais pas à Kostroma !

БУТЕРБРОД

Как у наших ворот
За горою
Жил да был бутерброд
С колбасою.

Захотелось ему
Прогуляться,
На траве-мураве
Поваляться

И сманил он с собой
На прогулку
Краснощекую сдобную
Булку.

Но чайные чашки в печали,
Стуча и бренча, закричали :
— Бутерброд,
Сумасброд,
Не ходи из ворот,
А пойдешь —
Пропадешь,
Муре в рот попадешь !
Муре в рот,
Муре в рот,
Муре в рот
Попадешь ! »

LA TARTINE

Derrière la colline,
Dans sa maison,
Vivait une tartine
Au saucisson.

Elle voulut un jour
Se promener,
S'en aller faire un tour
A travers prés.

Pour ne pas s'ennuyer
Toute seulette,
Elle se fit accompagner
D'une galette.

Mais les tasses de thé,
Tout effrayées,
Se mirent à crier :
« Tartine,
Folle coquine,
Et toi galette,
Où avez-vous la tête ?
N'allez pas dans les prés,
N'y allez pas !
Car vous irez tout droit
Dans la gueule du chat,
Dans la gueule du chat
Vous allez vous jeter ! »

МУХА-ЦОКОТУХА

Муха, муха, Цокотуха,
Позолоченное брюхо !

Муха по полю пошла,
Муха денежку нашла.

Пошла муха на базар
И купила самовар :

« Приходите, тараканы,
Я вас чаем угощу ! »

Тараканы прибегали,
Все стаканы выпивали,

А букашки —
По три чашки
С молоком
И крендельком:
Нынче Муха-Цокотуха
Именинница !

Приходили к мухе блошки,
Приносили ей сапожки,
А сапожки не простые —
В них застежки золотые.

LA MOUCHE ZIZZOUCHE

Ah, petite mouche Zizzouche
Aux reflets d'or et peu farouche !

Un jour, au beau milieu d'un champ,
Elle a trouvé un peu d'argent.

Et voici la mouche au bazar
Où elle achète un samovar.

« Mes chers cafards et cancrelats,
Venez prendre le thé chez moi ! »

Et les cancrelats, les cafards
Dare-dare sont venus boire.

Il y a du lait et des galettes
Pour toutes les petites bêtes
Qui sont invitées chez Zizzouche :
C'est aujourd'hui la fête
De la gentille mouche !

Arrivées en sautant, les puces
Lui offrent des bottines russes,
Des bottines pas ordinaires —
Aux boucles d'or, et si légères !

Приходила к Мухе
Бабушка-пчела,
Мухе-Цокотухе
Меду принесла...

« Бабочка-красавица,
Кушайте варенье!
Или вам не нравится
Наше угощенье ? »

Вдруг какой-то старичок
        Паучок
Нашу Муху в уголок
        Поволок, —
Хочет бедную убить,
Цокотуху погубить!

«Дорогие гости, помогите !
Паука-злодея зарубите!
        И кормила я вас,
        И поила я вас,
Не покиньте меня
В мой последний час ! »

Но жуки-червяки
        Испугалися,
По углам, по щелям
        Разбежалися:

Тараканы
Под диваны,
А козявочки
Под лавочки,
А букашки под кровать —

Et aussi chez la mouche
Vient grand-mère l'abeille,
Qui apporte à Zizzouche
Du beau et du doux miel...

« Mademoiselle Papillonne,
Prenez un peu de confiture,
Goûtez-y donc, elle est si bonne,
Un vrai régal, pour sûr ! »

Mais soudain
Une grosse araignée survient,
Saisit la mouche et la retient
Dans un coin.
Elle veut tuer la pauvrette,
Zizzouche qui crie à tue-tête :

« Mes chers amis, aidez-moi vite !
Tuez cette araignée maudite !
Je vous ai invités,
Je vous ai régalés,
Ne m'abandonnez pas,
Mes amis, sauvez-moi ! »

Mais les insectes de la table
S'enfuient tous,
On dirait qu'ils ont le diable
A leurs trousses :
Les cafards
Sous l'armoire,
Les moucherons
Au plafond,
Et les autres petites bêtes
Prennent la poudre d'escampette

Не желают воевать!
И никто даже с места
Не сдвинется:
Пропадай-погибай,
Именинница!

А кузнечик, а кузнечик,
Ну совсем как человечек,
Скок, скок, скок, скок
За кусток,
Под мосток
И молчок!

А злодей-то не шутит.
Руки-ноги он Мухе веревками крутит,
Зубы острые в самое сердце вонзает
И кровь у неё выпивает.

Муха криком кричит,
Надрывается,
А злодей молчит,
Ухмыляется.

Вдруг откуда-то летит
Маленький комарик,
И в руке его горит
Маленький фонарик.

« Где убийца? Где злодей?
Не боюсь его когтей! »

Подлетает к пауку,
Саблю вынимает
И ему на всем скаку

Sous le lit, sous les bancs…
Zizzouche est seule maintenant,
Ça va être sa fête !

Et même, même le grillon,
Notre brave garçon,
Fuit d'un bond
Derrière les buissons,
Sous le pont,
Et finie sa chanson !

Mais l'araignée ne blague pas,
Elle a bien ligoté sa proie,
Dans le cœur a planté ses dents
Et s'est mise à sucer le sang.

La mouche crie et s'égosille
Tout le temps,
Mais l'œil de la tueuse brille
Méchamment.

Tout à coup, apparaît dans l'air
Un moustique ;
Le sabre au côté, il a l'air
Héroïque.

« Où est la scélérate ?
Je ne crains pas ses pattes ! »

Alors, volant vers l'araignée,
Il tire son sabre et
Tranche d'un coup la tête
De la méchante bête.

Голову срубает!

Муху за руку берет
И к окошечку ведет:
« Я злодея зарубил,
Я тебя освободил
И теперь, душа-девица,
На тебе хочу жениться! »

Тут букашки и козявки
Выползают из-под лавки:
« Слава, слава Комару—
Победителю! »

Прибегали светляки,
Зажигали огоньки—
То-то стало весело,
То-то хорошо!

Эй, сороконожки,
Бегите по дорожке,
Зовите музыкантов,
Будем танцевать!

Музыканты прибежали,
В барабаны застучали.
Бом! бом! бом! бом!
Пляшет Муха с Комаром.

А за нею Клоп, Клоп
Сапогами топ, топ!
Козявочки с червяками,
Букашечки с мотыльками.
А жуки рогатые,

Il prend la mouche par la main
Et lui déclare enfin,
L'ayant conduite à la fenêtre :
« Je t'ai sauvée du monstre infect,
Et maintenant, ma mie,
J'aimerais bien qu'on se marie ! »

Aussitôt les petites bêtes
Sortent de toutes les cachettes :
« Gloire, gloire au moustique
Héroïque ! »

Puis arrivent les vers luisants
Qui allument de beaux lampions ;
On va s'amuser follement,
On va danser en rond !

« Hé, vous, les mille-pattes,
Allez en toute hâte
Chercher les musiciens,
Violons et tambourins ! »

Et tous les musiciens accourent,
Et retentissent les tambours.
Boum ! boum ! boum ! Joyeuse musique !
Zizzouche danse avec Moustique.

Et la punaise saute, saute,
Faisant claquer ses bottes.
Les scarabées et les chenilles,
Papillonnes et papillons,
Les sauterelles, joyeuses filles,
Les hannetons, joyeux garçons,
Dansent tous en famille,

Мужики богатые,
Шапочками машут,
С бабочками пляшут.

Тара-ра, тара-ра,
Заплясала мошкара.
Веселится народ—
Муха замуж идет
За лихого, удалого,
Молодого Комара!

Муравей, Муравей
Не жалеет лаптей,—
С Муравьихою попрыгивает
И букашечкам подмигивает:

« Вы букашечки,
Вы милашечки,
Тара-тара-тара-тара-таракашечки ! »

Сапоги скрипят,
Каблуки стучат, —
Будет, будет мошкара
Веселиться до утра :
Нынче Муха-Цокотуха
        Именинница !

Tournent et dansent en rond !

Tra-la-la, tra-la-lère,
Les moucherons tournent dans les airs.
Oui, tout le monde se réjouit :
Zizzouche se marie
Avec le brave, l'héroïque,
Le jeune gars Moustique.

Maître Fourmi, bien sûr,
Ne ménage pas ses chaussures
En dansant avec Fourmiguette
Qui sourit à toutes les bêtes :
« Chenillettes, papillonnettes,
Petites bêtes guillerettes,
Petites bêtes gentillettes ! »

Que les bottes claquent et sonnent,
Que les talons résonnent !
Dansez, dansez, petites bêtes,
Jusqu'au matin nul ne se couche :
C'est aujourd'hui la fête
De la mouche Zizzouche !

САМУИЛ МАРШАК

ГОВОРИЛА МЫШКА...

Говорила мышка мышке :
« До чего люблю я книжки !
Не могу я их прочесть,
Но зато могу их съесть ».

SAMUEL MARCHAK

LE CONSEIL DE LA SOURIS

Fais comme moi, petit lecteur :
Pour apprendre un livre par cœur
Tu n'as pas besoin de le lire –
Le grignoter doit te suffire !

ВОТ КАКОЙ РАССЕЯННЫЙ

Жил человек рассеянный
На улице Бассейной.

Сел он утром на кровать,
Стал рубашку надевать,
В рукава просунул руки —
Оказалось, это брюки.

Вот какой рассеянный
С улицы Бассейной !

Надевать он стал пальто —
Говорят ему : не то.
Стал натягивать гамаши —
Говорят ему : не ваши.

Вот какой рассеянный
С улицы Бассейной !

Вместо шапки на ходу
Он надел сковороду.
Вместо валенок перчатки
Натянул себе на пятки.

Вот какой рассеянный
С улицы Бассейной !

Однажды на трамвае
Он ехал на вокзал
И, двери открывая,
Вожатому сказал :

L'HURLUBERLU

Connaissez-vous l'hurluberlu
De la rue Lanturlu ?

Il se lève un dimanche,
Enfile ses deux manches
De chemise… Allons bon,
C'est son vieux pantalon !

Ah ! quel hurluberlu
De la rue Lanturlu !

Il met des caoutchoucs :
C'est pas les siens du tout !
Et puis un pardessus :
C'est pas le sien non plus !

Ah ! quel hurluberlu
De la rue Lanturlu !

Au lieu de son chapeau
Il s'est coiffé d'un pot,
Et il met ses pantoufles
A la place des moufles.

Ah ! quel hurluberlu
De la rue Lanturlu !

Il a pris l'autobus
Pour aller à la gare ;
S'embrouillant tant et plus,
Le voici qui déclare

— Глубокоуважаемый
Вагоноуважатый!
Вагоноуважаемый
Глубокоуважатый!
Во что бы то ни стало
Мне надо выходить.
Нельзя ли у трамвала
Вокзай остановить?
Вожатый удивился —
Трамвай остановился.

Вот какой рассеянный
С улицы Бассейной!

Он отправился в буфет
Покупать себе билет.
А потом помчался в кассу
Покупать бутылку квасу.

Вот какой рассеянный
С улицы Бассейной!

Побежал он на перрон,
Влез в отцепленный вагон,
Внес узлы и чемоданы,
Рассовал их под диваны,
Сел в углу перед окном
И заснул спокойным сном...

— Это что за полустанок? —
Закричал он спозаранок.

Au chauffeur-conducteur :
« Très cher et honoré
Chaubus de l'autoffeur,
Cher auto chauforé,
Honobus du cherfeur !
Laissez-moi démonter,
Je vais être en retard ;
Pouvez-vous arrêter
Votre gus à la bare ? »

Le chauffeur stupéfait
Freine vite à l'arrêt.
Et notre hurluberlu
De la rue Lanturlu
Court alors au buffet
Acheter un billet,
Puis il file chercher
Un sandwich au guichet.

Ah ! quel hurluberlu
De la rue Lanturlu !

Sans trop faire attention,
Il va vers un wagon
Qui était en garage,
Y monte ses bagages,
S'installe et tôt s'endort
Après tous ces efforts...

De bon matin, il dit :
« Quel est donc cet arrêt ? »

А с платформы говорят :
— Это город Ленинград.

Он опять поспал немножко
И опять взглянул в окошко,
Увидал большой вокзал,
Удивился и сказал :

— Это что за остановка —
Бологое иль Поповка ? —
А с платформы говорят:
— Это город Ленинград.

Он опять поспал немножко
И опять взглянул в окошко,
Увидал большой вокзал,
Потянулся и сказал :

— Что за станция такая ? —
Дибуны или Ямская ?—
А с платформы говорят :
— Это город Ленинград.

Закричал он : — Что за шутки !
Еду я вторые сутки,
А приехал я назад,
А приехал в Ленинград !

Вот какой рассеянный
С улицы Бассейной !

« Mais c'est Paris, pardi ! »
Lui répond-on du quai.

Après un petit somme,
Il se penche au-dehors,
Voit une gare énorme
Et une fois encore
Demande, un peu surpris :
« Mais quel est cet arrêt ?
Trifouillis ou Tremblay ? »
« Non, pardi, c'est Paris ! »
Lui répond-on du quai.

Il refait un bon somme,
Puis se penche au-dehors,
Voit une gare énorme
Et demande bien fort,
De plus en plus surpris :

« Mais quel est cet arrêt ? !
Bécon ou Bilboquet ? »
« Non, pardi, c'est Paris ! »
Lui répond-on du quai.

« Quelle blague ! » il s'écrie ;
« J'ai bien roulé deux jours,
Et voilà qu'à Paris
Je serais de retour ! »

Ah ! quel hurluberlu
De la rue Lanturlu…

ДВЕ МЕДВЕДИЦЫ

Две медведицы
Смеются :
— Эти звезды вас надули !
Нашим именем зовутся,
А похожи
На кастрюли...

DEUX OURSES

Sur la banquise au pôle
Deux ourses
Rigolent :
— Oh, ces étoiles,
Qu'elles sont drôles !
Elles s'appellent comme nous
Mais ressemblent à des casseroles…

БАРАБАН И ТРУБА

Жил-был на свете барабан
Пустой, но очень громкий.
И говорит пустой буян
Трубе — своей знакомой.

« Тебе, голубушка труба,
Досталась легкая судьба.
В тебя трубач твой дует,
Как будто бы целует.

А мне покоя не дает
Мой барабанщик рьяный.
Он больно палочками бьет
По коже барабанной ! »

« Да, — говорит ему труба, —
У нас различная судьба,
Хотя идем мы рядом
С тобой перед отрядом.

Себя ты должен, баловник,
Бранить за жребий жалкий.
Всё дело в том, что ты привык
Работать из-под палки ! »

LA TROMPETTE ET LE TAMBOUR

Il était jadis un tambour
Creux – mais plutôt bruyant.
A la trompette il dit un jour
Presque en geignant :

« Depuis toujours j'envie ton sort,
Petite trompette, c'est vrai.
Le trompettiste souffle fort,
Comme s'il t'embrassait !

Mais moi, moi, jamais on n'arrête
De me rouer de coups ;
Elle est si dure la baguette
Que j'en ai mal partout. »

« Oui, tout ceci est bien navrant,
Répondit la trompette,
Nous marchons tous les deux devant
Et moi seule suis à la fête.

Mais c'est à toi-même, tambour,
Que tu dois t'en prendre peut-être,
Car tu ne sais depuis toujours
Que travailler à la baguette ! »

САМЧЛ МАРШАК И ДАНИИЛ ХАРМС

ВЕСЕЛЫЕ ЧИЖИ

Жили в квартире
Сорок четыре,
Сорок четыре
Веселых чижа:

Чиж — судомойка,
Чиж — поломойка,
Чиж — огородник,
Чиж — водовоз,
Чиж за кухарку,
Чиж за хозяйку,
Чиж на посылках,
Чиж — трубочист.

Печку топили,
Кашу варили
Сорок четыре
Веселых чижа:

Чиж с поварешкой,
Чиж с кочережкой,
Чиж с коромыслом,
Чиж с решетом.
Чиж накрывает,
Чиж созывает,
Чиж разливает,
Чиж раздает.

SAMUEL MARCHAK ET DANIIL KHARMS

LES CANARIS

Quarante-quatre
gais canaris
vivaient ensemble
et jour et nuit :

un canari à la vaisselle
un canari au balai-pelle
un canari pour porter l'eau
un canari aux trois fourneaux
un canari bon ramoneur
un canari bon vidangeur
un canari pour le marché
un canari au potager

Quarante-quatre
gais canaris
faisaient un feu
et la bouillie :

un canari pour tisonner
un canari pour mitonner
un canari à la passoire
un canari à l'entonnoir
un canari qui met la table
un canari à l'eau potable
un canari pour tout servir
un canari pour tout finir

Кончив работу,
Шли на охоту
Сорок четыре
Веселых чижа:

Чиж — на медведя,
Чиж — на лисицу,
Чиж — на тетерку,
Чиж — на ежа,
Чиж — на индюшку,
Чиж — на кукушку,
Чиж — на лягушку,
Чиж — на ужа.

После охоты
Брались за ноты
Сорок четыре
Веселых чижа.

Дружно играли:
Чиж — на рояле,
Чиж — на цимбале,
Чиж — на трубе,
Чиж — на тромбоне,
Чиж — на гармони,
Чиж — на гребенке,
Чиж — на губе.

Спать захотели,
Стелют постели
Сорок четыре
Усталых чижа:

Quarante-quatre
gais canaris
allaient chasser
l'après-midi :

un canari chasse le lion
un canari les papillons
un canari va chasser l'ours
un canari à sa rescousse
un canari en veut aux loups
un canari rien qu'aux coucous
un canari chasse le cerf
un canari les courants d'air

Quarante-quatre
gais canaris
après la chasse
jouaient ainsi :

un canari est au piano
un canari joue du pipeau
un canari joue des cymbales
un canari reste aux timbales
un canari joue du trombone
un canari de l'harmonium
un canari tient la trompette
un canari prend la clochette

Quarante-quatre
gais canaris
de se coucher
ont eu envie :

Чиж — на кровати,
Чиж — на диване,
Чиж — на скамейке,
Чиж — на столе,
Чиж — на коробке,
Чиж — на катушке,
Чиж — на бумажке,
Чиж — на полу.

Лежа в постели,
Дружно свистели
Сорок четыре
Веселых чижа:

Чиж — трити-лити,
Чиж — тирли-тирли,
Чиж — дили-дили,
Чиж — ти-ти-ти,
Чиж — тики-рики,
Чиж — рики-тики,
Чиж — тюти-люти,
Чиж — тю-тю-тю!

un canari dort sur un banc
un canari sur le divan
un canari entre les draps
un canari sur le matelas
un canari dans un panier
un canari sur du papier
un canari sur l'édredon
un canari sous le plafond

Quarante-quatre
gais canaris
chantent dormant
chantent ainsi :

un canari tirli-lili
un canari trili-tirli
un canari dili-dili
un canari titi-liti
un canari tiki-riki
un canari riki-tiki
un canari tili-trili
un canari trala-lala !

ДАНИИЛ ХАРМС

ТИГР НА УЛИЦЕ

Я долго думал откуда
На улице взялся тигр.
Думал-думал,
Думал-думал.

Откуда на улице
Взялся этот тигр ?
Думал-думал,
Думал-думал.
В это время ветер дунул,
И я забыл, о чем я думал.

Так я и не узнаю,
Откуда
На улице взялся тигр.

DANIIL KHARMS

UN TIGRE DANS LA RUE

Dans ma rue il y a un tigre.
Bigre !
D'où peut-il bien sortir ?
D'où peut-il bien venir ?

Longuement j'ai réfléchi,
J'ai réfléchi et pensé,
J'ai pensé et réfléchi :
D'où ce tigre est-il venu ?
D'où ce tigre est-il sorti ?

Mais le vent a soufflé,
Emportant mes pensées,
Et plus jamais je ne saurai
D'où il peut bien sortir,
D'où il peut bien venir
Dans ma rue ce gros tigre…
Bigre !

ХРАБРЫЙ ЁЖ

Стоял на дворе ящик.
Подошли звери к ящику,
стали его осматривать, обнюхивать и
облизывать.
А ящик-то вдруг раз, два, три — и открылся.
А из ящика-то раз, два, три — змея выскочила.
Испугались звери и разбежались.
Один ёж не испугался, кинулся на змею
и раз, два, три — загрыз её.

А потом сел на ящик
и закричал : « Кукареку ! »
Нет, не так ! Ёж закричал : « ав-ав-ав ! »
Нет, и не так ! Ёж закричал : « мяу-мяу-мяу ! »
Нет, опять не так ! Я и сам не знаю как.
Кто знает, как ежи кричат ?

HARDI HÉRISSON

Dans la cour il y avait une caisse.
Des animaux s'en approchèrent,
    se mirent à l'examiner, à la renifler, à la lécher.
Tout à coup, une, deux, trois — la caisse s'ouvrit.
Et il en sortit — un serpent.
Les animaux terrifiés s'enfuirent.
Sauf le hérisson qui se jeta sur le serpent
    et une, deux, trois — le tua net.

Alors, le hérisson s'est assis sur la caisse
et il a crié : « Co-co-ri-co ! »
Non, pas comme ça. Il a crié : « Ouah-ouah ! »
Mais non, le hérisson criait : « Miaou-ou ! »
Non… Mince, je ne sais plus !
Qui peut me dire ce que crient les hérissons ?

ИЗ ДОМА ВЫШЕЛ ЧЕЛОВЕК

Из дома вышел человек
С дубинкой и мешком,
  И в дальний путь,
  И в дальний путь
Отправился пешком.

Он шел все прямо и вперед
И все вперед глядел.
  Ни спал, ни пил ;
  Ни пил, ни спал,
Ни спал, ни пил, ни ел.

И вот однажды на заре
Вошел он в темный лес
  И с той поры,
  И с той поры,
И с той поры исчез.

Но если как-нибудь его
Случиться встретить вам,
  Тогда скорей,
  Тогда скорей,
Скорей скажите нам.

UN HOMME S'EN ALLA

Un jour un homme s'en alla
Avec son baluchon —
        Et il marcha
        Et il marcha
Toujours vers l'horizon.

Et il avançait, ce bonhomme,
Sans jamais s'arrêter
        Sans faire un somme
        Sans faire un somme
Sans boire ni manger.

Dans une forêt à l'aurore
Un jour il est entré —
        Et depuis lors
        Et depuis lors
Nul ne l'a rencontré.

S'il vous arrivait par la suite
De le voir quelque part
        Venez bien vite
        Venez bien vite
Nous le faire savoir !

УЧИТЕЛЬ И УЧЕНИК

— Есть ли что-нибудь на земле, что имело бы
значение и могло бы даже изменить ход событий
не только на земле, но и в других мирах? —
спросил я своего учителя.
— Есть, — ответил мне мой учитель.
— Что же это? — спросил я.
— Это... — начал мой учитель и вдруг замолчал.
Я стоял и напряженно ждал его ответа. А он
молчал.
И я стоял и молчал.
И он молчал.
И я стоял и молчал.
И он молчал.
Мы оба стоим и молчим.
Хо-ля-ля!
Мы оба стоим и молчим!
Хо-лэ-лэ!
Да, да, мы оба стоим и молчим!

LE MAÎTRE ET L'ÉLÈVE

— Y a-t-il quelque chose qui ait le moindre sens et qui soit capable de changer le cours des événements, aussi bien sur terre que dans les autres mondes ? ai-je demandé à mon maître.
— Oui, bien sûr, m'a répondu mon maître.
— Qu'est-ce donc ?
— C'est…
Soudain, mon maître s'est tu.
Debout, plein d'attention, j'attendais sa réponse.
Mais il continuait de se taire.
Debout, je me taisais aussi.
Il se taisait toujours.
Debout, je me taisais.
Il continuait de se taire.
Tous les deux, debout, nous nous taisions.
Oh là là !
Nous nous taisions tous les deux.
Oui, debout, nous nous taisions tous les deux !

ДЕВОЧКА

Бобров шел по дороге и думал: почему, если в суп насыпать песку, то суп становится невкусным.

Вдруг он увидел, что на дороге сидит очень маленькая девочка, держит в руках червяка, и громко плачет.

— О чем ты плачешь? — спросил Бобров маленькую девочку.

— Я не плачу, а пою,— сказала маленькая девочка.

— А зачем же ты так поешь? — спросил Бобров.

— Чтобы червяку весело было,— сказала девочка,— а зовут меня Наташа.

— Ах вот как? — удивился Бобров.

— Да, вот как, — сказала девочка— до свидания,— вскочила на велосипед и уехала.

— Такая маленькая, а уже на велосипедах катается,— подумал Бобров.

LA PETITE FILLE

Castorov marchait sur la route en se demandant : pourquoi la soupe, quand on y verse du sable, est-elle moins bonne ?

Il aperçoit alors, assise au bord du chemin, une petite fille qui tient un ver de terre et pleure à gros sanglots :

— Pourquoi pleures-tu, petite fille ?

— Je ne pleure pas, je chante.

— Mais pourquoi chantes-tu de cette façon ?

— Pour que le ver de terre soit moins triste, répond la petite fille. Je m'appelle Natacha.

— Ah bon ?

— Oui, c'est comme ça, dit la petite fille. Salut !

Et enfourchant un vélo, elle est partie sur la route.

« Si petite, se dit Castorov, et pourtant elle sait déjà faire du vélo… »

БОРИС ЗАХОДЕР

МОХНАТАЯ АЗБУКА

Морж

Морж
Спросил у кенгуру:
— Как выносишь ты жару?
— Я от холода дрожу! —
Кенгуру сказал моржу.

Попугай

— Если можешь, угадай,
Что нам скажет попугай?
— То и скажет, полагаю,
Что вдолбили попугаю!

Обезьянки

(посетителям зоопарка)

— Наши предки, ваши предки
На одной качались ветке,
А теперь нас держат в клетке...
Хорошо ли это, детки?

Гад ползучий

— Я, конечно,
Пресмыкаюсь,
Но нисколько
В том

BORIS ZAKHODER

PETIT BESTIAIRE

Le morse

Le morse
Dit au kangourou :
« La chaleur, ça te rend pas fou ? »
« Non, c'est le froid qui est atroce ! »
Répond le kangourou au morse.

Le perroquet

— Est-ce que tu sais
Ce que va dire le perroquet ?
— Il répète seulement, cet âne,
Ce qu'on lui a mis dans le crâne !

Les singes

(aux visiteurs du zoo)

— Nos ancêtres, vos ancêtres
Sur la même branche faisaient causette.
Maintenant, on nous met en cage…
Est-ce que c'est vraiment sage ?

Le reptile

Bien sûr,
Je rampe,
Mais je n'en ai
Aucun regret :

Не каюсь!
Ибо тот,
Кто пресмыкается,
Никогда
Не спотыкается!

Верблюд

Верблюд решил, что он — жираф,
И ходит, голову задрав,
У всех
Он вызывает смех,
А он, верблюд, плюёт на всех!

Хорёк

Львы и тигры приручаются.
Это редко, но случается.
Но никто еще пока
Приручить не смог
Хорька.
Слава богу,
Что хорек
Очень маленький зверек!

Ёжик

— Что ж ты, ёж, такой колючий?
— Это я на всякий случай:
Знаешь, кто мои соседи?
Лисы, волки и медведи!

Celui
Qui rampe
Ne trébuche
Jamais !

Le chameau

Se prenant pour une girafe,
Le chameau
Regarde le monde de très haut.
Et voilà que tous s'esclaffent…
Mais le chameau crache et se fiche
De nos petits rires de caniches.

Le furet

Lions et tigres, en vérité,
Peuvent être domptés.
C'est rare, mais ça se voit.
En revanche, personne n'a jamais
Pu apprivoiser un furet.
Grâce à Dieu, il court toujours,
Il court, il court dans les bois,
Dans les forêts,
Le brave petit furet !

Le hérisson

— Hérisson, pourquoi ces piquants ?
— Pour être prêt, à tout hasard.
J'ai des voisins peu rassurants :
L'ours et le loup, et le renard !

Скунс

Вонючке не легко понять
Как это можно — не вонять.
Ведь скунс,
Который не воняет,
Свое достоинство
Роняет...

Левретка

Как хороша,
Как изящна левретка !
Жаль, что левретки
Встречаются редко !
Трудно поверить,
Что у левретки
И у бульдога —
Общие предки !

Филин

Только ночью
Страшен
Филин.
А при свете —
Он бессилен !

Le sconse

Le sconse
Pourrait-il cesser
De puer
Sans perdre une once
De sa dignité ?

La levrette

Si belle et svelte
Notre levrette…
Mais c'est loufoque
Que la levrette
Et le bouledogue
Aient les mêmes ancêtres !

Le hibou

Le hibou
N'est effrayant que la nuit.
En plein jour,
Quand il dort debout,
Qui aurait peur de lui ?

Черепаха

Черепаха
Всех смешит,
Потому что не спешит.
Но куда спешить тому,
Кто всегда в своем дому?

Щука

Хватать, глотать
Умеют
Щуки –
Другой
Не нужно им науки!

Гадюка

Давно я не встречал
Гадюки.
И что-то не скучал
В разлуке!

Мухи

(Загадка)

Нахмурилось небо
(Наверно, не в духе).
Летают, летают
Белые мухи!..

(Первый снег)

La tortue

Tu cours comme un tordu,
Mais la tortue
Est moins pressée que toi.
A quoi bon se hâter
Quand on emporte son toit ?

Le brochet

Le brochet
De naissance
Ne sait que happer,
Avaler tant et plus.
Toute autre science
Est superflue !

La vipère

Ça fait longtemps, ma foi,
Que je n'ai pas vu de vipère.
Mais ce n'est sans doute pas moi
Qui y perds…

Les mouches

(Devinette)

Quelles sont ces mouches
Qui font la ronde,
Puis fondent
Dans votre bouche ?

(les flocons de neige)

ГЕОГРАФИЯ ВСМЯТКУ

Батюшки !
Глобус
Попал под автобус !
Смялся в лепёшку
Новехонький глобус !

Неузнаваема
Стала планета.
Всё перепуталось:
Части света,
Материки, острова, океаны,
Все параллели и меридианы !

Компасы, бедные, бьются в истерике :
Северный полюс —
В Южной Америке !
Южный распался, как менее прочный,
На два: на Западный
И на Восточный.

Африка сделала
Сальто-мортале,
Дыбом обе Америки встали.
И в довершение безобразия
Влезла в Австралию Малая Азия !
От высочайшей горы Эвереста
Ныне осталось мокрое место.

LA GÉOGRAPHIE EN BOUILLIE

Le globe de la classe
A roulé dehors tantôt,
Et il a fallu qu'il passe
Sous une auto.
Quelle poisse !

La planète
N'a plus ni queue ni tête,
Tout s'emmêle :
Les continents,
Les îles, les océans,
Les méridiens et parallèles !

Les boussoles
S'affolent —
Le pôle Nord se dresse
Dans les Andes, mon Dieu !
Le pôle Sud
Est coupé en deux :
Pôle Est et pôle Ouest.

Les Amériques
Se font la nique.
Et, comble de fantaisie,
L'Afrique
A encorné l'Asie.
Il ne reste
Plus rien de l'Everest.

Белое море слегка обмелело,
Черное море совсем побелело,
И неизвестно даже ученым —
Белым его называть
Или черным!

В небе парят перелетные птицы,
Не понимая куда опуститься, —
К Южному тропику птицы летели,
А прилетели
В царство метели.
Возле экватора плавают льдины,
Бродят пингвины
В степях Украины,
И по шоссейным дорогам Европы
Бегают тигры, слоны, антилопы!

Где-то в Антарктике
Громко ревет
Синий от холода бегемот:
— Эй! Не пора ли вернуться к порядку?
Нам ни к чему география
Всмятку!

La mer Blanche
A noirci,
La mer Noire
A blanchi.
Faudra-t-il donc
Changer leurs noms ?

Les oiseaux paniquent :
A la place des tropiques,
La neige et les pingouins.
Et en Europe
Galopent les babouins,
Les tigres et les antilopes.

Dans l'Antarctique
L'hippopotame,
Déjà tout bleu de froid,
Brame :
— Ça suffit !
Rendez-moi
Ma géographie !

СЧИТАЛОЧКА

Жили-были два соседа,
Два соседа-людоеда.
Людоеда
Людоед
Приглашает
На обед.
Людоед ответил: — Нет,
Не пойду к тебе, сосед!
На обед попасть не худо,
Но отнюдь
Не в виде
Блюда!

LES VOISINS

Il y avait deux voisins,
Deux voisins cannibales.
L'un
Invita l'autre à dîner.
Mais il répondit, le second cannibale :
« Non, je préfère aller
Au bal.
J'aime bien
Qu'on m'invite aux repas,
Mais sûrement pas
En guise de plat ! »

ПЕРЕВОД С АНГЛИЙСКОГО

Жил на свете Джонни.
Знаете его ?
Не было у Джонни
Ровно ничего !
Нечем подкрепиться,
Нечего надеть,
Не к чему стремиться,
Не о чем жалеть,
Нечего бояться,
Нечего терять...
Весело живётся,
Нечего сказать !

TRADUIT DE L'ANGLAIS

Mon ami Johnnie,
Ce petit vaurien,
N'avait rien de rien :
Rien à manger
Rien à se mettre
Rien à penser
Rien à vouloir
Rien à regretter
Rien à craindre
Et rien à perdre…
Un sacré veinard,
Rien à dire !

СКАЗОЧКА

В чистом поле, в белом поле
Было всё белым-бело,
Потому что это поле
Белым снегом замело.

И стоял в том белом поле
Белоснежно-белый дом,
С белой крышей, с белой дверью,
С беломраморным крыльцом.

Потолок был белый-белый,
Белизною пол блистал,
Было много белых лестниц,
Белых комнат, белых зал.

И в белейшем в мире зале
Спал без горя и забот,
Спал на белом одеяле
Совершенно черный кот.

Был он черен, словно ворон,
От усов и до хвоста.
Сверху чёрен, снизу чёрен...
Весь — сплошная чернота !

CONTE RUSSE

Dans une plaine à l'infini
Tout était blanc absolument,
Les neiges recouvraient la plaine
Depuis l'origine des temps.

Au milieu de la blanche plaine
Se dressait un palais tout blanc:
Toiture et murs, portes de glace
Et grand perron de marbre blanc.

A l'intérieur tous les plafonds
Et le sol allaient blanchissant:
Plein de chambres, de salles blanches
Et d'escaliers étincelants.

Là, dans la plus blanche des salles,
Calme et sans souci, tel un loir,
Sur le plus blanc des édredons
Dormait un chat — un chat tout noir.

Plus noir que l'aile d'un corbeau,
De la queue jusqu'au fond du cœur,
Noir par dessus, noir par dessous,
Plus noir encore que la noirceur!

ВАЛЕНТИН БЕРЕСТОВ

САМАЯ ПЕРВАЯ ПЕСНЯ

Жил-был игуанодон
Весом восемьдесят тонн,
И дружил он с птицею
Птеродактилицею.
Ничего эта птица не пела,
Лишь зубами ужасно скрипела,
И хрипела она, и стонала,
А других она песен не знала.

Но в восторге хриплый стон
Слушал игуанодон,
Радуясь певице,
Птеродактилице,
Ибо звуки ужасные эти
Были первой песней на свете,
Самой первой песней на свете,
На безлюдной, на дикой планете.

VALENTIN BÉRESTOV

LA PREMIÈRE CHANSON

Il était un iguanodon
Haut et lourd comme une maison,
Qui écoutait un volatile,
Son amie la ptérodactyle.
L'oiseau ne chantait pas, pourtant,
Mais seulement grinçait des dents
Et gémissait horriblement.

L'iguanodon était aux anges
Parce que pour lui tous ces sons,
Jamais horribles ni étranges,
Étaient la première chanson
De notre sauvage planète
Encore sans hommes, sans poètes.

ГЕОМЕТРИЯ

Геометр отправился в Египет
Посмотреть на параллелепипед.
И представьте вы его обиду,
Когда он увидел пирамиду.

ПСИХОЛОГИЯ

« Собачья жизнь ! » сказала кошка,
И легче стало ей немножко.

GÉOMÉTRIE

En Égypte alla Archimède
Voir des parallélépipèdes.
Mais là-bas il dit : « C'est stupide,
Il n'y a que des pyramides ! »

PSYCHOLOGIE

« Quelle vie de chien ! » dit le chat.
Et il se sentait mieux déjà.

МОРКОВКА

За уши зайца
Несут к барабану.
Заяц ворчит :
— Барабанить не стану !
Нет настроения,
Нет обстановки,
Нет подготовки,
Не вижу морковки.

LA CAROTTE

Par les oreilles, un jour,
On traîne le lièvre
Vers un tambour.
Mais lui ronchonne
Et grogne :
« Non, pas de tambour
Aujourd'hui !
J'ai pas envie,
J'ai pas mes notes !
Et puis,
Où est la carotte ? »

РАННЯЯ СЛАВА

« Привет, поэт ! » кричали вслед.
Поэту было мало лет.
Он не мечтал о славе,
Мечтал он о расправе
Со всеми, кто поэту вослед
Кричал : « Поэт ! Поэт ! Пуэт ! »

LE PETIT POÈTE

« Salut, poète ! » criait-on en riant.
Le poète était un enfant.
Et il ne rêvait pas de gloire,
Il rêvait seulement de pouvoir
Se venger de ceux qui criaient à tue-tête :
« Poète ! poète ! pouète-pouète ! »

ТЕНЬ

Нет на земле теней
Послушней и верней,
Чем собственная тень.
Но лишь она одна,
Послушна и верна,
Не спрячет, не поможет,
Спасти тебя не сможет
В пустыне в жаркий день.

L'OMBRE

Qui pourrait t'être plus fidèle
Que ton ombre ? C'est toujours elle
Qui te suit partout avec zèle,
Sans qu'on l'appelle —
Plus légère qu'une aile,
Plus douce qu'une tourterelle.
Mais c'est justement elle,
Si docile et fidèle,
Qui ne peut pas t'aider,
Te cacher, te sauver
En plein désert, sous le soleil
Le plus cruel...

ОТВЕТ

Мы спросили человечка :
— Ты скажи нам хоть словечко.
Человек сказал :
— Агу !
Вот, мол, всё, что я могу...

LA RÉPONSE

Nous avons demandé
à un petit bonhomme :
« Dis-nous un mot au moins. »
Et le bout d'homme a dit :
« Aga ! »
Et ça nous suffit bien,
ça suffit bien, ma foi !

БУДУЩЕЕ

Чему первым делом
научится кошка ?
— Хватать !
Чему первым делом
Научится птица ?
— Летать!
Чему первым делом
Научится школьник ?
— Читать!

Котёнок вырастет кошкой,
Такой же, как все на свете.
Птица превратится в птицу,
Такую же, как все на свете.
А дети читают,
А дети мечтают,
И даже их мамы
И папы не знают,
Кем станут, кем вырастут дети...

L'AVENIR

Qu'apprend d'abord
un petit chat ?
A saisir !
Qu'apprend d'abord
un oisillon ?
A voler !
Qu'apprend d'abord
un écolier ?
A lire-écrire !

Le petit chaton devient un chat
pareil à tous les chats du monde.
L'oisillon devient un oiseau
pareil à tout oiseau au monde.
Mais l'enfant a beau lire,
l'enfant a beau écrire,
nul ne peut dire au monde
comment il va grandir,
ce qu'il va devenir…

ГЕНРИХ САПГИР

ЖУК-ДРОВОСЕК

На улице в утренние часы
я часто встречал человека,
у которого были
большие усы
как у жука-
дровосека.

А может быть, это
был жук-дровосек ?
И лишь притворялся,
что он человек ?

GUENRIKH SAPGUIR

LE CAPRICORNE

Dans la rue des Mirages
ce matin
j'ai croisé un bonhomme
qui avait d'aussi longues moustaches
que celles d'un
capricorne.

Mais peut-être était-ce bien
un insecte dit capricorne
qui voulait, gros malin,
se faire passer pour un homme ?

ЦВЕТНЫЕ СЛОВА

У травы — зеленые слова,
и слышны они едва-едва.

А у ветра — синие слова,
и от них кружится голова.

А у солнца — столько ясных слов,
красных песен, золотых стихов.

Всех друзей сегодня я зову
слушать солнце, ветер и траву.

LES MOTS DE COULEUR

L'herbe a des mots tout verts
qui chuchotent dans l'air.

Le vent a des mots bleus
qui sont parfois houleux.

Le soleil à l'aurore
a des mots rouge et or.

Et les mots se répondent
en repeignant le monde.

КИСТОЧКА

Гордился рыжий львёнок,
Гордился рыжий львёнок
Своей пушистой кисточкой
На кончике хвоста :
— Наверно, я художник,
Конечно, я художник,
Раз у меня есть кисточка
На кончике хвоста.

Притопал толстый гномик :
— Лев, нарисуй мне домик.
Взял львенок свою кисточку
И в краску обмакнул.
Как начал кисточкой махать,
Перемазюкал всю тетрадь
И сам в ведерке с краской
Чуть-чуть не утонул !

И, кувыркаясь в кресле,
Смеялся гномик : — Если
У тебя есть кисточка
На кончике хвоста,
Совсем не значит это,
Что ты уже художник !
Ты просто львёнок с кисточкой
На кончике хвоста !

L'ARTISTE

Un lionceau était fier
d'avoir en fait de queue
un pinceau aux longs poils.
« C'est sans doute que
je suis un artiste,
un peintre sans égal
si j'ai en guise de queue
ce pinceau aux longs poils ? »

Un gnome ventru
alors est venu :
« Petit lion, dessine-moi
une maison avec un toit
et des murs. »
Et le lionceau
de tremper sa queue-pinceau
dans la peinture,
de barbouiller tout un cahier
puis de manquer se noyer
dans un pot de peinture…

Le gnome ventru
se tordait de rire :
« Petit lion, crois-tu,
crois-tu, cher lionceau,
qu'il suffit d'avoir une queue en pinceau
pour être un grand artiste ?
Pas la peine que tu insistes
car tu n'es que
un lion à pinceau-queue ! »

ИЗ РАЗНЫХ ПОЛОВИН

Вчера или когда-то
Жил-был чудак один.
Он был как будто скроен
Из разных половин.

Своим нелепым видом
Он удивлял ребят:
Посмотрит справа — брит он,
А слева — бородат.

Одет он справа щеголем,
А слева — кое-как.
Одна нога босая,
А на другой — башмак.

Одна нога танцует,
Другая — в стороне.
Одна рука: подите прочь,
Другая: все ко мне.

Так жили половинки
Не в лад и невпопад,
И лишь одно любили —
Трехслойный мармелад.

DEUX MOITIÉS

Vivait au temps jadis
sous une tente
un homme qui était fait
de moitiés différentes.

Et les enfants
s'étonnaient à sa vue :
rasé à droite
mais à gauche, barbu.

D'un côté, un dandy,
de l'autre, un vrai clochard ;
une jambe en haillons,
l'autre tout en brocart.

Un pied trébuche,
l'autre avance tout droit ;
l'œil gauche est toujours triste,
l'autre brille de joie.

Ainsi les deux moitiés
en désaccord vivaient sans cesse.
Mais toutes deux aimaient
la confiture épaisse !

БАБОЧКА

Утром в комнату мою
бабочка влетела.
Села на краю
стола,
крылышками покачала,
усиками повела
и вспорхнула,
улетела...
Что сказать она хотела ?

LE PAPILLON

Ce matin dans ma chambre
un papillon
est entré par la fenêtre
et s'est posé à mon chevet
en déployant ses ailes,
en agitant ses antennes
tout près de ma tête.
Puis il s'est envolé
par la fenêtre…
Que voulait-il me dire,
me confier ?

ЛЮДОЕД И ПРИНЦЕССА
Или всё наоборот

Принцесса была
прекрасная,
погода была
ужасная.
Днем
во втором часу
заблудилась принцесса
в лесу.
Смотрит : полянка
прекрасная,
на полянке землянка
ужасная.

А в землянке — людоед :
— Заходи-ка
на обед !
Он хватает нож,
дело ясное.
Вдруг увидел, какая...
прекрасная !
Людоеду сразу стало
худо.
— Уходи — говорит —
отсюда.
Аппетит — говорит —
ужасный.
Слишком вид — говорит —
прекрасный.
И пошла потихоньку

L'OGRE ET LA PRINCESSE

Légende en deux versions

Première version

Il était une fois
une belle princesse
qui par un temps affreux
alla se promener
dans une forêt épaisse.
Mais s'étant égarée
elle aperçut
une jolie clairière
avec au beau milieu
une affreuse chaumière.

Et dans cette chaumière
vivait un Ogre :
« Entre, dit-il, tu viens à point
pour mon repas ! »
Et il s'empare
d'un long coutelas.
Mais il a vu tout à coup
comme elle est belle
cette princesse…
Et l'Ogre se sent mal :
« Va-t'en, dit-il,
j'ai un appétit
affreux,
mais tu es trop jolie, dit-il,
pour être digérée ! »
Et la princesse bientôt

принцесса,
прямо к замку вышла
из леса.

Вот какая легенда
ужасная!
Вот какая принцесса
прекрасная!

А может быть всё было наоборот...

Погода была
прекрасная,
принцесса была
ужасная.
Днем
во втором часу
заблудилась принцесса
в лесу.
Смотрит: полянка
ужасная,
на полянке землянка
прекрасная.
А в землянке — людоед:
— Заходи-ка
на обед!
Он хватает нож,
дело ясное.
Вдруг увидел, какая...
ужасная!
Людоеду сразу стало
худо.

sortant de la forêt
revint à son château.

Quelle affreuse légende
sur la belle princesse !

Deuxième version

Un jour qu'il faisait beau
une affreuse princesse
alla se promener
dans la forêt épaisse.
Là, s'étant égarée,
elle aperçut
une affreuse clairière
avec en son milieu
une jolie chaumière.

Et dans cette chaumière
vivait un Ogre :
« Entre, dit-il, tu viens à point
pour mon repas ! »
Et il s'empare
d'un long coutelas.
Mais il voit tout à coup
comme elle est laide
cette princesse…
Et l'Ogre se sent mal :

— Уходи — говорит —
отсюда.
Аппетит — говорит —
прекрасный.
Слишком вид — говорит —
ужасный.
И пошла потихоньку
принцесса,
прямо к замку вышла
из леса.

Вот какая легенда
прекрасная !
Вот какая принцесса
ужасная !

« Va-t'en, dit-il,
j'ai un bel appétit
mais tu es bien trop laide, dit-il,
pour être digérée ! »
Et la princesse bientôt
sortit de la forêt
puis rentra au château.

Quelle belle légende
sur l'affreuse princesse !

РОМАН СЕФ

УРОК ФРАНЦУЗСКОГО
(СУДАК)

Один судак —
Большой чудак,
Который жил в реке,
Умел молчать
На чистом
Французском языке.
Его просили
Все вокруг
Жуки и трясогузки:
— Ну, помолчите,
Милый друг,
Немного
По-французски. —
Он ничего не отвечал,
Но все молчал,
Молчал,
Молчал.

ROMAN SEF

LEÇON DE FRANÇAIS

Il y avait
Dans la rivière
Un gros brochet
Qui savait se taire
En français.
Les canards
Si bavards,
Les hochequeues
Si curieux
Lui demandaient :
« Cher ami, cher brochet,
Taisez-vous un peu
En français. »
Et le brochet
Se taisait,
Se taisait tout le temps
En pur français.

ЛИЛОВОЕ СТИХОТВОРЕНИЕ

Весь лиловый
Новый дом.
Весь лиловый
Кот на нем.

Кухни и столовые
Тоже в нем
Лиловые.
От трубы и до колёс
Весь лиловый
Паровоз.

И сиреневый букет
На лиловый стал буфет.
— И кому какое дело —
Я люблю
Лиловый цвет.

И карандаша другого
У меня сегодня
Нет.

UN POÈME VIOLET

Toute violette
Est ma maison,
Et tout violet
Est mon chaton.

Violettes sont
Chambres, cuisine,
Et la piscine.
A l'horizon
Un train violet
Est à l'arrêt.

Et voici là
De beaux lilas,
Un gros bouquet.
C'est si mignon,
Tout en violet !

Et puis,
Je n'avais pas
D'autres crayons…

ТИШИНА

По лесам
и горным склонам
мы гуляли
с телефоном.
Телефон что было сил
Все звонил,
звонил,
звонил.

И тогда,
устав от звона,
снял я трубку
с телефона.
Сразу стало тихо-тихо
наступил в лесу
покой.

Стало слышно,
как лосиха
с лосем
шла на водопой.

LE SILENCE

Dans la forêt
Par un beau jour d'automne
Je me promenais
Avec mon téléphone.
Et sans arrêt
Mon téléphone
                sonnait,
                        sonnait…

Alors, j'en ai eu marre
Et j'ai jeté dare-dare
Le combiné.
Aussitôt
        il s'est fait
Un grand silence
                dans la forêt.

Et puis j'ai entendu
Un vol d'oiseau,
Une biche et son faon
Qui allaient boire
                à l'étang.

МАШИНЫ

Вот машина,
которая пишет.
Вот машина,
которая слышит.
Вот машина,
которая множит,
если надо —
и вычтет,
и сложит.
Вот машина,
которая точит.
Вот машина,
которая скачет.

Только нет
почему-то машины,
которая
плачет.

LES MACHINES

Voici une machine
Qui écrit.
Voici une machine
Qui
Multiplie
Et peut soustraire.
Et une autre
Qui sait traire,
Qui moud
Et coupe tout.
En voilà une qui, hop !
File et galope
A cent à l'heure…

Mais il n'y a pas,
Je ne sais pourquoi,
Il n'y a pas
De machine
Qui pleure.

ДУМАЮЩИЙ ЧЕЛОВЕК

Корова жует
В коровнике жвачку.
Спит медведь,
Погрузившись в спячку;
Неторопливо
падает
снег...

А человеку
Нету покоя:
Летом,
Осенью
И зимой —
Все время
думает
человек.

L'HOMME

Dans l'étable voisine
La vache calmement rumine.
Dans sa tanière
L'ours
        dort tout l'hiver.
La neige
            tombe
                    en silence…

Mais l'homme
Ne peut pas s'arrêter :
Automne,
Hiver,
Été,
Il faut qu'il se remplisse la panse —
Et pense,
        pense…

ГРИБ

Гриб
спрятался за пень,
сдвинул шляпу
набекрень.
Думает : « Не так я глуп,
чтоб лезть
напрасно
в суп ! »

LE CHAMPIGNON

Un champignon
est allé se tapir
derrière un tronc,
son chapeau sur les yeux.
C’est qu’il se dit,
ce courageux :
« Je ne suis pas si bête
pour atterrir
dans une assiette ! »

ПУТЕШЕСТВИЕ

В океане
плыл диван.
А на нем
лежал Иван.
Так приятно в океане
плавать,
лежа на диване.
Долго плыл Иван,
да случился ураган.
И акулы,
вот напасть —
на диван
хотят напасть...
А у Вани
нету весёл,
Плохо дело !
Но для вас
Я Ивана
все же спас.
Трус не станет в океане
плавать,
лежа на диване...

LE GRAND VOYAGE

Ivan
s'en va souvent
sur l'océan.
Éveillé ou rêvant
hiver comme printemps
Ivan
vogue gaiement
sur l'océan.
Sans peur des vents
ni des requins géants
Ivan
va vaillamment
sur l'océan.
Ivan
s'en va souvent
sur l'océan
sans quitter pour autant
son divan…

ДОБРЫЙ ЧЕЛОВЕК

Столяр гулял в густом лесу
Среди больших стволов,
И, улыбнувшись, он сказал :
— Как много тут столов.

Охотник зайцев настрелял
Пять штук за шесть минут,
И, улыбнувшись, он сказал :
— Как много зайцев тут.

Шел утром добрый человек.
Стряхнув с ветвей росу,
Он улыбнулся и сказал :
— Как хорошо в лесу !

UN BRAVE HOMME

Un menuisier dans la forêt
Admirait les grands arbres.
Souriant, il se dit :
Ça en fera de belles tables !

Un fier chasseur dans la forêt
En six minutes a tué cinq lièvres.
Souriant, il se dit :
Voilà une forêt de rêve !

Un brave homme a marché dans l'herbe
Encore humide de rosée.
Souriant, il se dit :
On est si bien dans la forêt !

ЮННА МОРИЦ

СОН

На дворе темным-темно,
Я лежу, смотрю кино —
Сон присел на табуретку,
Вышивая птичью клетку,
В клетке плещет крокодил !..
Как он в клетку угодил ?

Вот проснёмся,
Вот проснёмся,
Разберёмся !

YOUNNA MORITS

LE RÊVE

La nuit noire est tombée,
Mes yeux se sont fermés,
Il fait si froid dehors
Mais je vais au ciné :
Un rêve à mon chevet
Brode une cage d'or —
Au lieu du perroquet,
Un crocodile y chante,
Un crocodile y danse,
Et se tortille
Et s'égosille…

Mais au réveil demain,
Quand mon rêve soudain
Se sera envolé
Avec la cage d'or,
Que fera-t-il
Le crocodile ?
Et s'il allait alors,
S'il allait m'avaler
Au petit-déjeuner ?

ВСАДНИКИ

На лошадке оловянной
Скачет всадник оловянный
С медною трубою.
Всадник с медною трубою,
Ты возьми меня с собою!
В небе солнышко смеется,
Всадник скачет, сердце бьется,
А дорога вьется...
Ты оглянись,
Всадник, ты поклянись,
Всадник, завтра взять меня с собою!

На лошадке оловянной
Скрылся всадник оловянный
С медною трубою.
Ветер силу набирает,
А труба вдали играет,
Тянет за собою...

Вдруг с лошадки настоящей
Спрыгнул всадник настоящий
С медною трубою.
Всадник с медною трубою
Сразу взял меня с собою,
Всадник настоящий.

Вдруг мелькнул в дали туманной
На лошадке оловянной
Всадник оловянный.
Я беру одной рукою
Лошадь, всадника с трубою,

LES CAVALIERS

Sur son cheval de plomb
Un cavalier galope
En jouant du clairon,
Et le chemin l'emporte
Tout droit vers l'horizon.

Oh, cavalier, emporte-moi
En selle derrière toi
Sur ton cheval de plomb,
Emporte-moi tout droit
Vers le bel horizon !

Mais sans rien dire il passe
En jouant du clairon,
Au lointain il s'efface
Mon cavalier de plomb…

Or voici que galope
Vers moi un cavalier,
Pas un de plomb — un vrai !
Et sans dire un mot il m'emporte
Derrière lui en selle
Vers l'horizon, le ciel.

En chemin il rattrape
Le cavalier de plomb,
Et d'une main je happe,
Et d'une main j'attrape
Le cavalier de plomb,
Son cheval, son clairon.

Всех беру с собою...

Вот река вдали маячит,
У меня в кармане скачет
Всадник оловянный.
Да, виноват, всадник,
Но обещал, всадник,
Завтра взять меня с собою...

Oh, petit cavalier, pardon,
Il fallait l'autre fois
M'emmener avec toi !
Maintenant dans ma poche
Au galop tu t'accroches…

Mais après tout qu'importe ?
Le vrai cavalier nous emporte
Et ensemble nous galopons
Tous trois vers l'horizon,
Tout droit vers l'horizon
Sous un soleil de plomb.

ЭТО ОЧЕНЬ ИНТЕРЕСНО

Это очень интересно,—
От кого река бежит?
Это очень интересно,—
Что в трамвае дребезжит?
Почему скворец поет?
Почему медведь ревет?
Почему один в берлоге,
А другой в гнезде живет?

Это очень интересно,—
Кто деревья посадил?
Кто придумал крокодилу
Это имя — Крокодил?
Кто назвал слоном Слона?
Это очень интересно,—
Кто Сазану и Фазану
Дал такие имена...

Это очень интересно —
Поглядеть на муравья,
Это очень интересно,—
Как живет его семья?

Это очень интересно,—
Где ночует стрекоза?
Это очень интересно,—
Почему молчит коза?
Это очень интересно,—
В барабан ли бьет гроза?

JE VOUDRAIS SAVOIR

Je voudrais bien savoir,
je voudrais qu'on me dise
pourquoi tombe le soir
sur le jour par traîtrise,
pourquoi le roseau chante
mais pas les autres plantes,
pourquoi dans sa tanière
l'ours peut dormir l'hiver
mais moi, qu'il pleuve ou vente,
je dois aller apprendre
l'histoire et la grammaire !

Je voudrais bien savoir
qui a donné leur nom
aux pommes et aux poires
et à chaque saison ;
qui a fait qu'on appelle
éléphant l'éléphant
alors qu'il n'a pas d'ailes,
bien plus lourd qu'un enfant ;
pourquoi a-t-on nommé
ainsi le crocodile,
lui qui n'a pas croqué
ma petite sœur Odile ?

Je voudrais bien savoir
pourquoi la pauvre chèvre
ne fait que bégayer,
pourquoi toujours mes lèvres

Это очень интересно,
Это, это же чудесно,
Что у всех, у всех детей
И у всех, у всех людей
На лице живут глаза,
На лице живут глаза !

ont comme un goût salé
quand je dis des sottises ?

Je voudrais tant savoir,
je voudrais qu'on me dise
pourquoi tous les regards
et aussi les nuages
se lisent comme un livre,
pourquoi sur le visage
il y a des yeux qui vivent,
il y a des yeux qui vivent ?

БОЛЬШОЙ ЛОШАДИНЫЙ СЕКРЕТ

Очень многие думают,
что они умеют летать:
очень многие ласточки,
лебеди очень многие.
И очень немногие думают,
что умеют летать
лошади очень многие,
лошади четвероногие !

Но только лошади
летать умеют чудно —
    очень
лошади прожить без неба
    трудно !
И разве стаи белокрылых лебедей
грустят, как стаи белокрылых лошадей ?

Но только лошади
летают вдохновенно !
Иначе лошади
разбились бы мгновенно.
И разве стаи лошадиных лебедей
поют, как стаи лебединых лошадей ?

Очень многие думают,
Что секретов у лошади нет —
Ни для большой, ни для маленькой,
Ни для какой компании.

LE SECRET DES CHEVAUX

Beaucoup d'animaux croient
qu'eux seuls savent voler,
beaucoup de cygnes
et beaucoup d'hirondelles.
Mais qui donc sait
que les chevaux aussi
savent voler,
oui, beaucoup de chevaux
peuvent voler très haut.

Car les chevaux sans ailes
ne peuvent pas,
ne peuvent vraiment pas
vivre en dehors du ciel.
Et a-t-on jamais vu
que les bandes de cygnes
soient aussi tristes
que des troupes chevalines ?

Mais seulement les chevaux
savent voler
avec inspiration
comme font les poètes.
Car autrement les chevaux
retomberaient sur terre
en se brisant les jambes,
en brisant leurs doux rêves.
Et a-t-on jamais vu
que le chant des blancs cygnes

А лошадь летает и думает,
что самый большой секрет –
это летание лошади,
нелетных животных летание !

soit aussi beau
que le chant des chevaux ?

Oui, beaucoup de chevaux
savent voler au ciel,
savent voler sans ailes.
Mais qui donc le saurait,
qui le saura jamais ?

ОЛЕГ ГРИГОРЬЕВ

ОБЛАКА

Обратился я к облакам:
— Когда вы друг друга бодаете,
Разве не больно вашим бокам?
— Не больно.
— А что ж вы рыдаете?

OLEG GRIGORIEV

LES NUAGES

J'ai demandé aux nuages :
— Quand dans vos vagabondages
Vous vous heurtez tout à coup,
Ils vous font très mal, ces coups ?
— Pas du tout.
— Alors, pourquoi pleurez-vous ?

ЯМА

— Яму копал ?
— Копал.
— В яму упал ?
— Упал.
— В яме сидишь ?
— Сижу.
— Лестницу ждешь ?
— Жду.
— Яма сыра ?
— Сыра.
— Как голова ?
— Цела.
— Значит, живой ?
— Живой.
— Ну, я пошел домой...

SOLIDARITÉ

— Tu creusais une fosse ?
— Oui-da.
— Et tu es tombé dedans ?
— Tu vois.
— Tu ne peux pas en sortir ?
— Exact.
— Et tu voudrais une échelle ?
— C'est ça.
— Il fait très froid là-dedans ?
— Très froid.
— Mais tu n'as rien de cassé ?
— J'crois pas.
— Alors, salut ! Je rentre chez moi…

ПОРТРЕТ

Голова
На меня не похожа,
И нос
Какой-то не мной,
И уши чьи-то чужие,
Но весь целиком я свой.

PORTRAIT

La bouche de maman,
Le nez de papa,
Le menton de tonton,
Les oreilles de tante Adèle…
Le tout, pourtant,
C'est bien moi !

ПТИЦА

Сизов хотел быть птицей,
А в школу не ходить,
Над городом кружиться
И комаров ловить.

Но не летал он птицей,
А по земле ходил,
За партой мог кружиться
И двойки лишь ловил.

L'OISEAU

Ivan voudrait être un oiseau
Et dans le ciel voler très haut,
Aux nuages faire la chasse
Sans plus jamais aller en classe.

Mais Ivan n'est pas un oiseau
Et il lui faut rester, tout triste,
Assis en classe à son pupitre,
En ne chassant que les zéros…

НАЧАЛО

Родился ребенок —
Горласт и тонок!
Из яйца,
От трения матери и отца?

L'ORIGINE

Un enfant est né, tout neuf,
Hurlant,
Fragile comme du verre…
Serait-il né d'un œuf
Au lieu du ventre de sa mère ?

АПЕЛЬСИН

Коля сидит на бревне и ест апельсин. Дольку за долькой. Приходит Петя.
— Вкусно? — спрашивает Петя.
— Еще как, — отвечает Коля.
— Эх, — говорит Петя, садясь рядышком. — Если бы у меня был апельсин, я бы обязательно с тобой поделился.
— Да-а-а,— сказал Коля, доедая апельсин, — жаль, что у тебя нет апельсина.

L'ORANGE

Boris, assis sur un rondin, mangeait une orange. Quartier après quartier.
Nicolas est venu s'asseoir près de lui.
— C'est bon ?
— Très bon ! répond Boris.
— Ah ! soupire Nicolas. Si j'avais eu une orange, je l'aurais partagée avec toi.
— Ouais, dit Boris en avalant son dernier quartier d'orange. Dommage que tu n'aies pas d'orange !

ЛЮДИ И ЗВЕЗДЫ

Люди от звезд происходят,
Поэтому вертикально
И ходят.
Звезды людей притягивают,
Земля сплющивает,
А звезды растягивают.

NOUS ET LES ÉTOILES

Vous marchez debout ? C'est normal :
Les hommes viennent des étoiles.
Et les étoiles les attirent,
Vers les étoiles ils s'étirent…
C'est pour ça que les gens
Marchent verticalement.

СОЧУВСТВИЕ

Упал я — вот неудача !
Кругом же смех вместо плача.

В КЛЕТКЕ

— Ну, как тебе на ветке ? —
Спросила птица в клетке.
— На ветке — как и в клетке,
Только прутья редки.

COMPASSION

Je suis tombé, ah quel malheur !
Mais autour, rien que des rieurs.

SUR LA BRANCHE

— Es-tu bien sur ta branche ?
du fond de sa cage
dit un oiseau à son frère oiseau.
— Sur ma branche c'est comme en cage,
juste un peu moins de barreaux !

ВРЕМЯ

Время
Устало и встало...

И ничего
Не стало.

LE TEMPS QUI PASSE

Le temps en avait assez
De passer…

Le temps s’en est allé.

Et il ne s’est plus rien passé.

СОДЕРЖАНИЕ

TABLE

Achevé d'imprimer sur rotative
par l'Imprimerie Darantiere
à Dijon-Quetigny en
mai 2006

N° d'impression : 26-0987
Dépôt légal : mai 2006

Imprimé en France